A Carmen
SILVIA NANCLARES

A nuestros hijos
EQUIPO **EL**ÁTICO

© DEL TEXTO:
Silvia Nanclares, 2000

© DE LAS ILUSTRACIONES:
*Equipo **El**ático, 2000*

© DE ESTA EDICIÓN:
Editorial Kókinos, 2000
c/ Sagasta, 30. 28004 MADRID
Tel. y Fax: 91 593 42 04
E-mail: kokinos@teleline.es

DISEÑO GRÁFICO: *Koniec*
FOTOMECÁNICA Y FILMACIÓN: *Lucam*
IMPRESIÓN: *Herprymber*

ISBN: 84-88342-23-3
DEPÓSITO LEGAL: M-49221-2000
Impreso en España / *Printed in Spain*

*Nuestro agradecimiento a Félix Lórrio por su ayuda,
y a Natalia y el pequeño Mario por regalarnos su siesta.*

la Siesta

TEXTO: Silvia Nanclares

ILUSTRACIONES: Elático

KÓKINOS

Todos los días...

después de comer,

la casa está a oscuras

y en silencio.

De pronto...

un sonido
inesperado,

una pizca de
luz que se cuela
por la ventana,

me hacen
darme cuenta

de que
estamos...

Pelo frente a cara,

cabeza sobre pecho,

hombro con brazo,

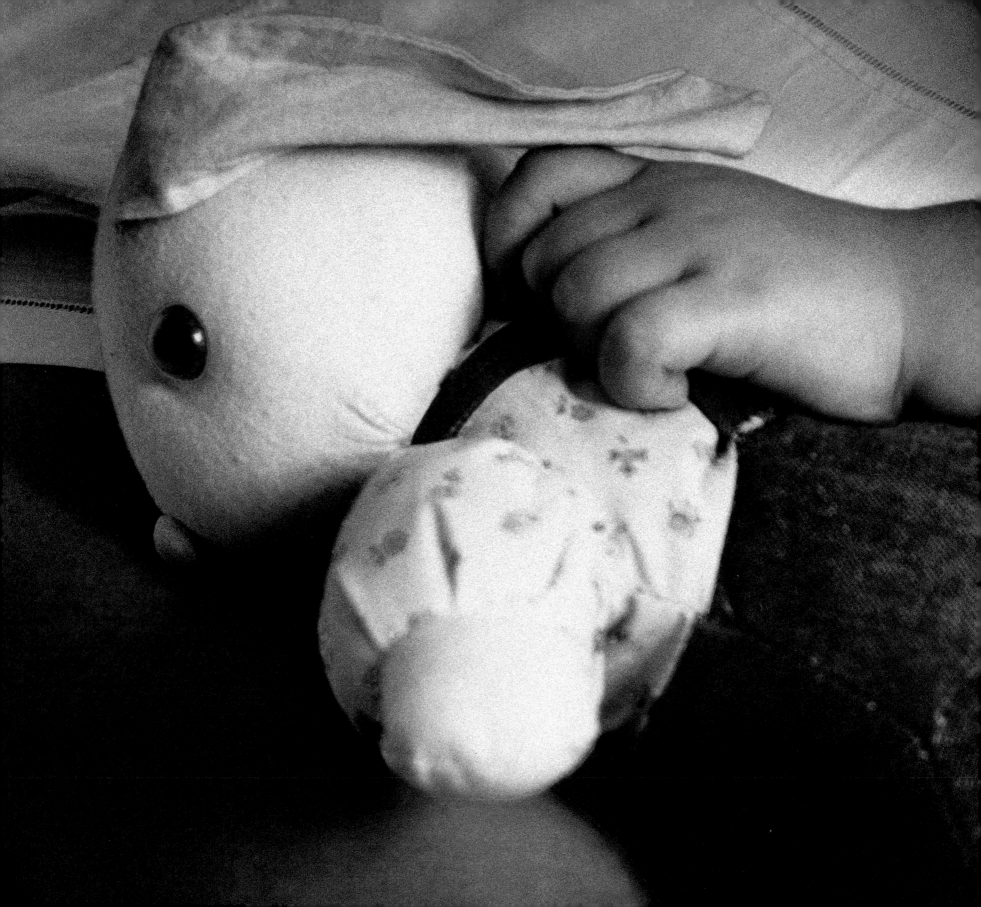

mano en espalda,

pie sobre pierna.

Entonces,
siempre pienso...

¡Qué maravilloso es

echarse la siesta contigo!

ESTA OBRA HA SIDO PUBLICADA CON LA AYUDA DE LA DIRECCIÓN GENERAL
DEL LIBRO, ARCHIVOS Y BIBLIOTECAS DEL MINISTERIO
DE EDUCACIÓN Y CULTURA.

Pelo frente a cara

Cabeza sobre pecho

Mano en espalda